Gérer un EHPAD

Hervé Kopiec

« La question n'est pas de vivre mais comment on vit. »

Yamashita

Préambule

La gestion d'un EHPAD est un défi complexe qui nécessite une combinaison de connaissances professionnelles et de compétences en gestion. Les EHPAD sont chargés de fournir des soins de qualité à des personnes âgées dépendantes, tout en garantissant leur bien-être et leur sécurité. En même temps, les EHPAD doivent gérer efficacement leurs finances, leur personnel et leur conformité à une variété de normes et de réglementations. Cet ouvrage vise à fournir une vue d'ensemble des différents aspects de la gestion d'un EHPAD, en abordant les questions de gestion financière, de gestion des ressources humaines, de qualité des soins, de relations avec les familles et les résidents, et de conformité réglementaire. Il est destiné aux professionnels de la santé, aux responsables de l'administration et aux responsables de la gestion des EHPAD, ainsi qu'aux étudiants et aux chercheurs intéressés par le sujet.

Introduction

Présentation des EHPAD

Les EHPAD sont des structures médico-sociales destinées à accueillir des personnes âgées en perte d'autonomie. Ces établissements sont soumis à des réglementations strictes pour garantir la qualité de l'accueil et la sécurité des résidents.

Les EHPAD proposent des services d'hébergement, de restauration, de soins médicaux et paramédicaux, ainsi que des activités de loisirs et d'animation. Les résidents peuvent ainsi bénéficier d'un accompagnement personnalisé pour répondre à leurs besoins et préserver leur autonomie.

Les EHPAD se distinguent des autres établissements médico-sociaux par plusieurs spécificités. Tout d'abord, ils sont destinés à accueillir des personnes âgées en perte d'autonomie, ce qui implique une prise en charge adaptée à leurs besoins spécifiques. Les EHPAD doivent ainsi disposer d'un personnel qualifié pour répondre aux besoins des résidents en termes de soins, d'accompagnement et d'animation.

Les EHPAD sont également soumis à des réglementations strictes en matière de sécurité et de santé. Les installations doivent être conformes aux normes en vigueur pour garantir la sécurité des résidents et du personnel. Des plans de prévention des risques doivent être mis en place pour prévenir les accidents et les incidents.

Les EHPAD doivent également proposer des services adaptés aux besoins des résidents en termes d'alimentation, d'activités et de soins. Les équipes pluridisciplinaires des EHPAD travaillent en étroite collaboration pour répondre aux besoins des résidents et garantir leur bien-être.

Les EHPAD se distinguent également des autres établissements médico-sociaux par leur mode de financement. Les EHPAD sont financés par différents acteurs : l'agence régionale de santé, le conseil départemental, les résidents eux-mêmes et leurs familles. Les tarifs sont fixés en fonction des ressources des résidents (si habilitation à l'aide sociale) et de leur degré de dépendance.

Enfin, les EHPAD se différencient des autres établissements médico-sociaux par leur mission sociale. Les EHPAD ont pour vocation d'offrir un cadre de vie agréable et sécurisé aux personnes âgées en perte d'autonomie. Ils contribuent ainsi au maintien du lien social et à la préservation de la dignité des personnes âgées.

Ainsi, les EHPAD sont des structures médico-sociales destinées à accueillir des personnes âgées en perte d'autonomie. Ils se distinguent des autres établissements médico-sociaux par leurs spécificités en termes de prise en charge adaptée, de réglementations strictes, de services adaptés, de mode de financement et de mission sociale. Les EHPAD jouent un rôle essentiel dans la prise en charge des personnes âgées et contribuent à la préservation de leur autonomie et de leur qualité de vie.

Enjeux de la gestion des EHPAD

La gestion d'un EHPAD est une tâche complexe qui incombe au directeur de l'établissement. Celui-ci doit assurer le bon fonctionnement de l'établissement tout en répondant aux attentes des résidents, des familles et des autorités administratives. Les enjeux pour un directeur dans la gestion d'un EHPAD sont nombreux et variés.

Tout d'abord, le directeur doit s'assurer de la qualité de l'accueil et de la prise en charge des résidents. Il doit veiller à ce que les équipes pluridisciplinaires de l'établissement travaillent en harmonie pour répondre aux besoins des résidents. Le directeur doit également veiller à la qualité des prestations proposées, notamment en termes d'alimentation, de soins et d'animation.

Ensuite, le directeur doit assurer la gestion des ressources humaines de l'établissement. Il doit recruter et former des professionnels qualifiés pour garantir la qualité de la prise en charge des résidents. Le directeur, en lien avec la cadre de santé, doit également veiller à la gestion des plannings et des absences du personnel pour assurer une présence suffisante et adaptée aux besoins des résidents.

Le directeur doit également assurer la gestion financière de l'établissement. Il doit gérer les budgets alloués par les différentes sources de financement (agence régionale de santé, conseil départemental, résidents et familles) et veiller à la rentabilité de l'établissement. Le directeur doit également veiller à la gestion des impayés et des litiges avec les résidents et les familles.

En outre, le directeur doit veiller à la sécurité et à la santé des résidents et du personnel de l'établissement. Il doit assurer la mise en place de plans de prévention des risques et la gestion des incidents et accidents. Le directeur doit également veiller à la conformité des installations aux normes en vigueur.

Le directeur doit également veiller à la communication avec les résidents, les familles et les autorités administratives. Il doit assurer une communication transparente et régulière pour répondre aux attentes et aux besoins de chacun.

Enfin, le directeur doit veiller à l'évolution de l'établissement et à sa capacité à s'adapter aux changements du contexte social et réglementaire. Il doit assurer une veille sur les évolutions de la législation et des pratiques professionnelles pour adapter l'établissement aux nouvelles normes et aux nouvelles attentes des résidents et des familles. La Haute Autorité de Santé et l'Agence Nationale de l'Amélioration de la Performance sont de bonnes sources d'information.

Ainsi, les enjeux pour un directeur dans la gestion d'un EHPAD sont nombreux et variés. Le directeur doit assurer la qualité de l'accueil et de la prise en charge des résidents, la gestion des ressources humaines et financières, la sécurité et la santé des résidents et du personnel, la communication avec les différentes parties prenantes et l'adaptation de l'établissement aux évolutions du contexte social et réglementaire. La gestion d'un EHPAD est une tâche complexe qui nécessite des compétences multiples et une grande capacité d'adaptation.

Les aspects réglementaires

Diriger un EHPAD peut s'apparenter à la conjugaison de plusieurs normes et contraintes réglementaires. Il s'agit parfois de marier les contraires mais de toujours avoir un équilibre entre bon sens et risque.

Les textes de référence en matière d'EHPAD

La gestion des EHPAD est encadrée par plusieurs textes de référence en vigueur. Ces textes ont pour objectif de garantir la qualité de la prise en charge des résidents, la sécurité et la santé des personnes accueillies ainsi que le respect des droits des résidents et de leur famille.

Le premier texte de référence est la loi du 2 janvier 2002 rénovant l'action sociale et médico-sociale. Cette loi définit les missions et les principes de l'action sociale et médico-sociale ainsi que les modalités de contrôle et de régulation de ces établissements. Elle fixe également les règles de fonctionnement des EHPAD, notamment en matière de qualité de la prise en charge des résidents et de respect des droits des personnes accueillies.

Le second texte de référence est le décret n° 2004-1274 du 26 novembre 2004 relatif aux EHPAD. Ce décret précise les modalités d'organisation et de fonctionnement des EHPAD ainsi que les conditions d'accueil et de prise en charge des résidents. Il établit également les règles de sécurité et de santé applicables aux établissements.

Le troisième texte de référence est la loi du 28 décembre 2015 relative à l'adaptation de la société au vieillissement. Cette loi a pour objectif de favoriser le maintien à domicile des personnes âgées et de renforcer la qualité de la prise en charge en EHPAD. Elle prévoit notamment la mise en place d'un projet de vie individualisé pour chaque résident et renforce les moyens d'accompagnement et de soutien des résidents et de leur famille.

En outre, les EHPAD sont également soumis à des règlementations spécifiques, notamment en matière de sécurité incendie, de lutte contre la maltraitance, de prévention des infections nosocomiales, de gestion des risques et de protection des données personnelles. Les établissements sont également soumis à des contrôles réguliers de la part des autorités compétentes, telles que l'Agence Régionale de Santé (ARS), pour s'assurer de la qualité de la prise en charge des résidents.

Les autorités de contrôle et leur rôle

Les EHPAD sont des structures qui accueillent des personnes âgées en perte d'autonomie, souvent souffrant de pathologies lourdes nécessitant une prise en charge médicale et paramédicale.

Pour garantir la qualité des prestations offertes par ces établissements, plusieurs autorités de contrôle ont été mises en place en France. Leur rôle est de veiller au respect des normes sanitaires, d'hygiène et de sécurité, ainsi qu'à la qualité des soins dispensés aux résidents.

L'une des autorités de contrôle des EHPAD est l'Agence Régionale de Santé (ARS). Il s'agit d'un organisme qui a pour mission d'assurer la mise en œuvre de la politique de santé au niveau régional. L'ARS peut réaliser des inspections et des contrôles pour s'assurer que les EHPAD respectent les normes en vigueur. Elle peut également engager des procédures en cas de manquement.

Le Conseil Départemental est également un acteur important dans le contrôle des EHPAD. Il est chargé de financer une partie des frais d'hébergement des résidents bénéficiaires de l'aide sociale et une partie des frais liés à la dépendance. Il peut donc exercer un contrôle financier sur les établissements. Il peut également réaliser des inspections pour s'assurer de la qualité des prestations offertes aux résidents.

Enfin, les familles des résidents peuvent également jouer un rôle dans le contrôle des EHPAD. Elles peuvent saisir les autorités compétentes en cas de problèmes rencontrés au sein de l'établissement et alerter sur les éventuels manquements constatés.

En résumé, les autorités de contrôle des EHPAD ont pour rôle de garantir la qualité des prestations offertes aux résidents et de veiller à leur sécurité et leur bien-être. Elles travaillent en collaboration pour mettre en place des mesures de prévention et de contrôle, et sont à l'écoute des familles pour répondre à leurs préoccupations. Grâce à leurs actions, les EHPAD sont des lieux de vie et de soins sûrs et adaptés aux besoins des personnes âgées en perte d'autonomie.

Les obligations légales pour les gestionnaires d'EHPAD

Une majorité des obligations légales ont pour but de garantir les droits des résidents et de réaliser une gestion anticipée des risques.

Le livret d'accueil

Le livret d'accueil est un document remis au résident lors de son admission dans un EHPAD. Il a pour objectif de présenter les différents aspects de la vie dans l'établissement et d'informer le résident sur ses droits et ses obligations.

Le livret d'accueil est régi par la loi du 2 janvier 2002 réformant le secteur médico-social, qui a pour objectif de garantir la qualité de vie des personnes âgées en leur offrant des prestations adaptées à leurs besoins, ainsi que de renforcer les droits des résidents des établissements d'hébergement pour personnes âgées.

Le livret d'accueil doit obligatoirement contenir les informations suivantes : les coordonnées de l'établissement, les différentes prestations proposées (hébergement, soins, accompagnement, etc.), les tarifs applicables, les modalités de facturation, les modalités de résiliation et de transfert, les horaires d'ouverture des locaux et des différents services, les règles de vie de l'établissement, les différents contacts utiles (médecin coordinateur, infirmière, personnel d'accueil, etc.) et les différents éléments de la charte des droits et des libertés des personnes accueillies.

Ce livret d'accueil est un document essentiel pour informer les résidents sur leur vie dans l'établissement, leur droits et obligations, les différents services proposés et les modalités de prise en charge. Il est obligatoirement remis au résident lors de son admission dans un EHPAD.

Le contrat de séjour

Le contrat de séjour est un document signé entre le résident et l'EHPAD lors de l'admission du résident dans cet établissement.

Il a pour objectif de définir les droits et les obligations des deux parties, ainsi que les modalités de prise en charge de la personne âgée.

Le contrat de séjour est régi par la loi du 2 janvier 2002 réformant le secteur médico-social et la loi pour l'adaptation de la société au vieillissement. Ces lois ont pour objectif de garantir la qualité de vie des personnes âgées en leur offrant des prestations adaptées à leurs besoins, ainsi que de renforcer les droits des résidents des établissements d'hébergement pour personnes âgées.

Le contrat de séjour doit obligatoirement préciser les modalités de prise en charge de la personne âgée, notamment les prestations proposées (hébergement, soins, accompagnement, etc.), les tarifs applicables et les modalités de facturation. Il doit également inclure des informations sur les conditions d'admission et de séjour, ainsi que les modalités de résiliation et de transfert.

Enfin, le contrat de séjour doit également préciser les droits et les obligations des deux parties. Ainsi, l'EHPAD s'engage à assurer la prise en charge de la personne âgée, tandis que le résident s'engage à respecter les règles de vie de l'établissement et à s'acquitter des tarifs applicables.

Le règlement de fonctionnement

Le règlement de fonctionnement d'un EHPAD est un document qui définit les règles et les modalités de fonctionnement de l'établissement. Il a pour objectif de garantir la qualité de vie des résidents, et de respecter les droits et les obligations des différentes parties concernées.

Le règlement de fonctionnement est régi par la loi du 2 janvier 2002 réformant le secteur médico-social et la loi pour l'adaptation de la société au vieillissement. Ces lois ont pour objectif de garantir la qualité de vie des personnes âgées en leur offrant des prestations adaptées à leurs besoins, ainsi que de renforcer les droits des résidents des établissements d'hébergement pour personnes âgées.

Le règlement de fonctionnement doit définir les différentes prestations proposées par l'établissement (hébergement, soins, accompagnement, etc.), les modalités de prise en charge des résidents, les horaires d'ouverture des locaux et des différents services, les règles de vie de l'établissement, les modalités de facturation et de résiliation, les modalités de transfert, les différents contacts utiles (médecin coordinateur, infirmière, personnel d'accueil, etc.) et les différents éléments de la charte des droits et des libertés des personnes accueillies.

Le projet de vie individualisé

Le projet de vie individualisé est un outil essentiel pour offrir un accompagnement personnalisé et adapté aux résidents dans les structures d'accueil pour personnes âgées. Le projet de vie individualisé permet de mieux comprendre les besoins, les souhaits, les attentes et les aspirations de chaque résident, de façon à leur offrir une qualité de vie optimale.

L'objectif principal du projet de vie individualisé est de permettre à chaque résident de participer activement à la vie de la structure d'accueil, en fonction de ses capacités et de ses souhaits. Il s'agit d'un outil qui permet de favoriser l'autonomie, l'épanouissement et la qualité de vie des résidents, en leur offrant des activités adaptées, en respectant leurs choix de vie et en leur offrant un accompagnement personnalisé.

La construction du projet de vie individualisé commence dès l'admission du résident dans la structure d'accueil. Il s'agit de recueillir un maximum d'informations sur la personne : son histoire de vie, son parcours, ses habitudes, ses goûts, ses préférences, ses projets, etc. Cette première étape permet de mieux connaître le résident et de mieux comprendre ses besoins.

Ensuite, les professionnels de la structure d'accueil vont rencontrer le résident, échanger avec lui, l'écouter et le questionner sur ses souhaits, ses projets et ses attentes. Cette étape permet de mieux comprendre les attentes et les aspirations du résident et de les intégrer dans le projet de vie individualisé.

Le projet de vie individualisé est élaboré en collaboration avec le résident, sa famille ou ses proches, et l'équipe de professionnels de la structure d'accueil. Il est élaboré en fonction des capacités, des besoins et des aspirations du résident, tout en respectant ses choix de vie et ses droits fondamentaux.

Le projet de vie individualisé est un document dynamique, qui doit être régulièrement actualisé en fonction de l'évolution de la situation du résident. Il doit être réévalué au minimum une fois par an, mais peut être actualisé plus fréquemment si nécessaire.

Le projet de vie individualisé comporte plusieurs volets : le volet santé, le volet social, le volet personnel et le volet projet de vie. Le volet santé comprend les informations relatives à la santé du résident, ses traitements, ses besoins en matière de soins et les activités physiques adaptées. Le volet social comprend les informations relatives aux relations du résident avec les autres résidents, sa participation à la vie sociale de la structure d'accueil et les activités sociales proposées. Le volet personnel comprend les informations relatives aux goûts, aux préférences et aux habitudes de vie du résident. Enfin, le volet projet de vie comprend les informations relatives aux projets et aux aspirations du résident pour l'avenir.

Le conseil de la vie sociale

La gestion du conseil de la vie sociale (CVS) d'un EHPAD est un aspect crucial pour garantir la qualité de vie des résidents et une bonne gestion de l'établissement. Le CVS est composé de représentants des résidents, des familles, des membres du personnel et des représentants de l'administration. Depuis début 2023, il est possible d'accueillir des bénévoles au sein de cette instance. Le CVS a pour mission de participer à la définition et à la mise en œuvre des orientations de la vie sociale et de la vie culturelle de l'établissement. Pour gérer efficacement le CVS, il est important de fixer des objectifs clairs, de préparer un ordre du jour, d'inviter les bonnes personnes, d'encourager la participation active de tous les membres, de prendre des décisions et de les suivre, d'être à l'écoute des préoccupations et des idées des membres, de respecter les règles de confidentialité et d'utiliser des outils de communication efficaces. Le CVS joue un rôle important dans la création d'un environnement accueillant et respectueux pour les résidents, tout en contribuant à la gestion efficace de l'établissement.

Le projet d'établissement

Le projet d'établissement est un document obligatoire pour tous les EHPAD en France. Il s'agit d'un outil de gestion essentiel qui permet de définir les orientations stratégiques de l'établissement pour les 5 prochaines années. Ce document sert également de référence pour les autorités de tutelle (ARS et CD) lors de l'évaluation de la qualité de l'établissement.

L'objectif du projet d'établissement est de définir une vision claire et partagée de l'avenir de l'EHPAD. Il permet de formaliser les choix et les orientations de l'établissement en matière d'organisation, de qualité de la prise en charge, de développement de l'offre de services, de communication avec les familles, de formation des personnels, etc.

La méthode de construction du projet d'établissement passe par une analyse fine de l'existant, des besoins des résidents et de leur famille, ainsi que des attentes des partenaires locaux et des autorités de tutelle. Cette analyse doit être conduite de manière participative, en associant les différents acteurs de l'établissement : la direction, les équipes soignantes, les représentants des usagers, les familles, les bénévoles, etc. Cette concertation permet de mobiliser les énergies et de créer une dynamique collective autour du projet.

La première étape consiste donc à mobiliser l'ensemble des parties prenantes et à recueillir leurs besoins et leurs attentes. Il est essentiel de créer un climat de confiance et de respect mutuel pour faciliter les échanges. Des groupes de travail peuvent être mis en place pour approfondir certaines thématiques. Ces groupes doivent être animés de manière neutre et objective, en veillant à ce que toutes les opinions soient prises en compte.

Une fois que les besoins et les attentes ont été identifiés, il convient de les hiérarchiser et de les traduire en objectifs opérationnels. Il est important que ces objectifs soient ambitieux, mais réalistes et réalisables. Ils doivent également être cohérents avec les valeurs et la mission de l'établissement.

Le projet d'établissement doit également définir une stratégie de communication, tant en interne qu'en externe. En interne, il s'agit de mobiliser les équipes autour du projet, en leur expliquant les enjeux et les objectifs. En externe, il s'agit de communiquer sur les actions menées par l'établissement et sur les résultats obtenus.

La mise en œuvre du projet d'établissement doit être suivie de manière rigoureuse et régulière. Des indicateurs de suivi doivent être définis pour mesurer l'avancement des actions et évaluer leur impact. Il est également essentiel de prévoir des temps d'évaluation et de réajustement pour s'adapter aux évolutions de l'environnement.

Le pilotage du projet d'établissement sur 5 ans doit être confié à une équipe dédiée, composée de la direction de l'établissement, d'un ou plusieurs membres du personnel, ainsi que de représentants des usagers et des familles. Cette équipe doit être en charge de la mise en œuvre du projet, de l'animation des groupes de travail, et du suivi de la satisfaction des objectifs fixés.

Le DARI

Le document d'analyse du risque infectieux en EHPAD est un outil de prévention et de gestion des infections dans les établissements d'hébergement pour personnes âgées dépendantes. Il s'agit d'un document obligatoire qui doit être élaboré et mis à jour régulièrement par les établissements pour garantir la sécurité et le bien-être des résidents et du personnel.

Le caractère obligatoire du document d'analyse du risque infectieux en EHPAD découle de la loi du 26 janvier 2016 de modernisation de notre système de santé. Cette loi a instauré une obligation pour les établissements de santé de mettre en place une politique de prévention et de gestion des infections associées aux soins (IAS), qui concerne également les EHPAD.

La méthodologie de construction du document d'analyse du risque infectieux en EHPAD repose sur plusieurs étapes clés. Tout d'abord, il convient de réaliser un état des lieux de la situation de l'établissement en matière d'infections, en recensant les types d'infections les plus fréquentes et leur mode de transmission. Cette étape permet d'identifier les points forts et les points faibles de l'établissement en matière de prévention et de gestion des infections.

Ensuite, il est nécessaire de déterminer les actions à mettre en place pour prévenir les infections et limiter leur propagation en cas de survenue. Ces actions peuvent concerner différents domaines, tels que l'hygiène des mains, la gestion des déchets, le nettoyage et la désinfection des locaux, l'utilisation des antibiotiques, la vaccination, etc. Les actions doivent être adaptées aux spécificités de l'établissement et aux populations accueillies.

La finalité du document d'analyse du risque infectieux en EHPAD est de prévenir les infections et de garantir une prise en charge de qualité pour les résidents. En effet, les infections peuvent avoir des conséquences graves pour les personnes âgées, en raison de leur état de santé souvent fragile. Elles peuvent également impacter le personnel de l'établissement, qui est en première ligne pour prévenir et gérer les infections.

Le document d'analyse du risque infectieux en EHPAD doit être mis à jour régulièrement pour prendre en compte l'évolution de la situation de l'établissement et les recommandations nationales et locales (CPIAS) en matière de prévention et de gestion des infections. Il peut également être communiqué aux différents acteurs de l'établissement, tels que le personnel, les résidents et les familles, pour favoriser la transparence et l'implication de tous dans la prévention des infections.

Ainsi, le document d'analyse du risque infectieux en EHPAD est un outil essentiel pour garantir la sécurité et le bien-être des résidents et du personnel. Sa méthodologie de construction et sa finalité sont clairement définies pour permettre aux établissements de mettre en place une politique de prévention et de gestion des infections efficace et adaptée à leurs spécificités. Sa mise à jour régulière et sa communication aux différents acteurs de l'établissement sont des éléments clés pour assurer une prise en charge de qualité et réduire les risques infectieux.

Le DARDE

Le document d'analyse du risque de défaillance électrique en EHPAD est un outil indispensable pour prévenir les accidents électriques dans les établissements d'hébergement pour personnes âgées dépendantes. Ce document est obligatoire et doit être élaboré par tous les EHPAD, quels que soient leur taille et leur statut juridique.

Le caractère obligatoire du document d'analyse du risque de défaillance électrique en EHPAD découle de la réglementation en vigueur, notamment de la loi n° 2010-238 du 9 mars 2010 visant à rendre obligatoire la réalisation d'un diagnostic de l'état de l'installation électrique intérieure des immeubles à usage d'habitation. Les EHPAD sont des établissements à usage d'habitation, et donc concernés par cette obligation.

La méthodologie de construction du document d'analyse du risque de défaillance électrique en EHPAD repose sur plusieurs étapes. Tout d'abord, il convient de réaliser un état des lieux de l'installation électrique de l'établissement, en identifiant les équipements électriques, les circuits électriques, les points de distribution, etc. Cette étape permet de détecter les éventuelles défaillances de l'installation électrique.

Ensuite, il est nécessaire de procéder à une analyse de risque en évaluant les conséquences possibles des défaillances électriques, notamment en termes d'incendie, de discontinuité des soins, ou encore de perte de données informatiques. Cette analyse permet de déterminer les mesures préventives et correctives à mettre en place pour réduire le risque de défaillance électrique.

Les mesures préventives peuvent concerner l'installation électrique elle-même, par exemple en renforçant les dispositifs de protection contre les surcharges ou les courts-circuits. Elles peuvent également concerner l'usage des équipements électriques par les résidents et le personnel de l'établissement, par exemple en rappelant les règles de sécurité à respecter.

Les mesures correctives visent quant à elles à réduire les conséquences d'une défaillance électrique, en limitant l'impact sur l'accompagnement des résidents. Ces mesures peuvent consister à installer des groupes électrogènes permettant d'assurer l'approvisionnement énergétique prioritaire.

La finalité du document d'analyse du risque de défaillance électrique en EHPAD est de garantir la sécurité des résidents et du personnel de l'établissement face aux risques électriques. Ce document permet également de se conformer aux exigences légales en matière de prévention des accidents électriques.

Il est important de noter que le document d'analyse du risque de défaillance électrique en EHPAD doit être mis à jour régulièrement pour prendre en compte l'évolution de l'installation électrique de l'établissement et les recommandations en vigueur.

Le plan bleu

La rédaction et la mise en œuvre d'un plan bleu est une étape importante pour assurer la sécurité des résidents et des employés dans un EHPAD en cas d'incident ou de crise. Voici les étapes à suivre pour rédiger et mettre en œuvre un plan bleu dans un EHPAD:

- Étape 1 : Évaluation des risques : Il est important d'évaluer les risques potentiels pour les résidents et les employés de l'EHPAD, tels que les incendies, les tempêtes, les inondations, les événements médicaux d'urgence, etc.

- Étape 2 : Définition des scénarios d'urgence : Il est important de définir les différents scénarios d'urgence qui peuvent survenir dans l'EHPAD en fonction des risques identifiés, et de déterminer les actions à entreprendre.
- Étape 3 : Planification des mesures d'urgence : Il est important de planifier les mesures à prendre en cas d'incident ou de crise, comme les procédures d'évacuation, les plans de communication, les protocoles de secours, etc.
- Étape 4 : Formation et exercices : Il est important de former les employés de l'EHPAD sur les mesures d'urgence à prendre et de les sensibiliser aux risques potentiels. Il est également important de réaliser des exercices réguliers pour tester les mesures d'urgence et s'assurer de leur efficacité.
- Étape 5 : Mise à jour régulière : Il est important de mettre à jour régulièrement le plan bleu en fonction des changements dans l'EHPAD et des évolutions des normes et des réglementations.
- Étape 6 : Communication : Il est important de communiquer sur le plan bleu auprès des employés et

des parties prenantes pour les informer des mesures d'urgence et les sensibiliser aux risques potentiels.

Il est important de noter que la rédaction et la mise en place d'un plan bleu nécessitent une certaine planification, une collaboration interne et externe, et une certaine flexibilité pour s'adapter aux évolutions. Il est important de se tenir informé sur les normes et réglementations en vigueur.

Le plan de maitrise sanitaire

Le plan de maîtrise sanitaire (PMS) est un dispositif obligatoire pour toutes les cuisines des établissements d'hébergement pour personnes âgées dépendantes (EHPAD) en France. Son objectif est de garantir la sécurité alimentaire des résidents en prévenant les risques sanitaires liés à la manipulation, la préparation et la conservation des aliments.

La finalité du PMS est donc de mettre en place des procédures et des mesures de prévention pour assurer la qualité et la salubrité des repas servis aux résidents des EHPAD. Il s'agit notamment de garantir l'hygiène des locaux de cuisines et des équipements, de contrôler les températures de stockage des denrées alimentaires, de vérifier l'état de conservation des produits, d'assurer la traçabilité des aliments, etc.

Le PMS est un document qui doit être actualisé régulièrement en fonction des évolutions de la réglementation et des bonnes pratiques en matière de sécurité alimentaire. Il doit être élaboré par le responsable de la cuisine de l'EHPAD en collaboration avec les autorités sanitaires et les services vétérinaires. Il doit également être validé par la direction de l'établissement et communiqué aux différents acteurs impliqués dans la chaîne alimentaire : fournisseurs, prestataires, personnel de cuisine, etc.

Le suivi du PMS est assuré par le responsable de la cuisine de l'EHPAD, qui doit veiller à la mise en œuvre effective des mesures prévues dans le plan. Il doit également réaliser des autocontrôles réguliers pour vérifier la conformité des pratiques de la cuisine aux exigences sanitaires. Ces autocontrôles portent notamment sur la température de stockage des denrées, la propreté des locaux et des équipements, la traçabilité des aliments, etc.

Des contrôles réguliers sont également réalisés par les autorités sanitaires et les services vétérinaires pour s'assurer du respect des normes en matière de sécurité alimentaire. Ces contrôles peuvent être programmés ou inopinés, et peuvent donner lieu à des mesures de correction si des anomalies sont constatées.

Il est essentiel que l'ensemble du personnel de la cuisine de l'EHPAD soit sensibilisé aux enjeux du PMS et formé aux bonnes pratiques d'hygiène alimentaire. Des sessions de formation régulières doivent être organisées pour permettre aux équipes de se familiariser avec les procédures du PMS et de comprendre les enjeux de la sécurité alimentaire.

Enfin, la communication autour du PMS est un élément clé pour assurer sa mise en œuvre efficace. Il est important de communiquer sur les résultats des contrôles sanitaires et sur les actions correctives mises en place en cas d'anomalies.

Ainsi, le plan de maîtrise sanitaire est un outil essentiel pour garantir la sécurité alimentaire des résidents des EHPAD. Sa finalité est de prévenir les risques sanitaires liés à la manipulation, la préparation et la conservation des aliments.

Le RAMA

Le rapport annuel d'activité médical en EHPAD est un document obligatoire qui doit être rédigé chaque année par le médecin coordonnateur. Ce rapport a pour but de faire le point sur les activités et les résultats obtenus par l'EHPAD au cours de l'année écoulée, en matière de soins et d'accompagnement des résidents. Il permet également de définir les axes d'amélioration pour l'année suivante.

Ce rapport est composé de plusieurs indicateurs dont les suivants :

Le premier indicateur de suivi est la prise en charge de la douleur. Il s'agit de mesurer la qualité de la prise en charge de la douleur chez les résidents. La douleur est un problème fréquent chez les personnes âgées et peut avoir des conséquences importantes sur leur qualité de vie. Il est donc essentiel de la prendre en charge de manière efficace.

Le deuxième indicateur de suivi est la prévention des chutes. Les chutes sont une des principales causes d'accidents chez les personnes âgées. Il est donc important de mettre en place des mesures de prévention pour réduire leur fréquence.

Le troisième indicateur de suivi est la dénutrition. La dénutrition est un problème fréquent chez les personnes âgées et peut avoir des conséquences importantes sur leur santé. Il est donc essentiel de surveiller régulièrement leur état nutritionnel.

Le quatrième indicateur de suivi est la prévention des infections nosocomiales. Les infections nosocomiales sont des infections contractées lors d'une hospitalisation ou d'un séjour en établissement de santé. Elles peuvent avoir des conséquences graves chez les personnes âgées.

Il existe encore de nombreux autres indicateurs (hospitalisation, usage des antibiotiques……) que le médecin coordonnateur s'approprie.

Les aspects financiers

Le financement des EHPAD

Le financement des EHPAD est divisé en trois sections tarifaires : l'hébergement, la dépendance et les soins. La section hébergement correspond aux frais liés à l'hébergement du résident en EHPAD, tels que le loyer de la chambre, l'entretien des locaux, les repas et les activités sociales et culturelles.

La section dépendance correspond aux frais liés à la prise en charge de la dépendance du résident, tels que l'aide à la toilette, la mobilisation, l'aide à l'alimentation. Cette section est financée par l'Allocation Personnalisée d'Autonomie (APA) versée par le Conseil Départemental.

La section soins correspond aux frais liés à la prise en charge médicale et paramédicale du résident, tels que les soins infirmiers, la distribution des médicaments, l'adaptation de l'environnement par un ergothérapeute ….. Cette section est financée par l'Assurance Maladie.

Concernant la section soins, les EHPAD proposent deux options tarifaires : l'option soins partiel et l'option soins global. L'option soins partiel permet au résident de bénéficier de soins infirmiers, d'un suivi du médecin ergothérapeute et de paramédicaux affiliés à l'établissement.

L'option soins global, quant à elle, permet à l'EHPAD de gérer l'ensemble des soins du résident. Le périmètre de l'option tarif global est le même que le tarif partiel, auquel il faut rajouter la gestion des médecins traitants, des kinésithérapeutes, des examens de radiologie et de biologie. L'établissement se charge alors de la coordination des soins, et de rémunérer les professionnels de santé libéraux.

Enfin, certains EHPAD peuvent avoir une pharmacie à usage interne (PUI). Ainsi, l'établissement bénéficie d'un budget pour acheter les médicaments.

Le coût des EHPAD varie d'un établissement à un autre. Le montant de la facture dépend du niveau de dépendance du résident, du type de chambre occupée. Il est possible pour les résidents de bénéficier d'aides financières, telles que l'APA, l'aide sociale à l'hébergement ou de la défiscalisation sur l'impôt sur le revenu.

En résumé, le financement des EHPAD est divisé en trois sections tarifaires : l'hébergement, la dépendance et les soins.

Les EHPAD proposent deux options tarifaires pour la section soins : l'option soins partiel et l'option soins global.

Les coûts de fonctionnement

Le coût de fonctionnement des EHPAD est important pour garantir une qualité de service optimale, mais il peut être difficile à maîtriser en raison de la complexité de la prise en charge des résidents.

Le coût de fonctionnement des EHPAD se compose de plusieurs éléments. Le coût des ressources humaines représente la part la plus importante des dépenses, avec les salaires des personnels soignants et administratifs, ainsi que les charges sociales et les frais de formation continue. Le coût des dispositifs médicaux est également important, ainsi que les coûts liés à l'entretien et à la maintenance des locaux, aux équipements et aux fournitures. Enfin, le coût des activités sociales et culturelles proposées aux résidents représente une part non négligeable des dépenses.

Pour optimiser les coûts de fonctionnement des EHPAD, plusieurs solutions peuvent être envisagées. Tout d'abord, la gestion des ressources humaines doit être optimisée, en particulier en termes de planification des effectifs et de formation continue. Il est important de veiller à l'adéquation des compétences et des profils des personnels avec les besoins des résidents, afin d'assurer une prise en charge de qualité tout en maîtrisant les coûts.

Ensuite, il est possible d'optimiser les coûts liés à la prise en charge médicale et paramédicale en favorisant les pratiques préventives, ainsi que la prescription raisonnée des médicaments. La mise en place de protocoles de prise en charge standardisés peut également contribuer à réduire les coûts tout en améliorant la qualité des soins.

Pour réduire les coûts liés à l'entretien et à la maintenance des locaux, il est possible de favoriser les solutions éco-responsables et de mettre en place une politique de prévention des risques et d'entretien préventif des équipements. Les économies d'énergie peuvent également être favorisées, par exemple en investissant dans des équipements économes en énergie et en sensibilisant le personnel aux gestes éco-responsables.

Enfin, pour réduire les coûts liés aux activités sociales et culturelles, il est possible de favoriser les partenariats avec les associations locales et les acteurs du territoire, ainsi que de privilégier les activités gratuites ou à faible coût. La mise en place d'une politique d'animation participative, impliquant les résidents et les familles, peut également contribuer à réduire les coûts tout en favorisant le bien-être des résidents.

Les sources complémentaires de revenus pour les EHPAD

Afin de compléter leurs ressources financières, les EHPAD ont recours à différentes sources de financement, notamment les appels à projets des fondations et des institutions, ainsi que les crédits non reconductibles alloués en fonction du rapport d'orientation budgétaire de l'Agence Régionale de Santé (ARS).

Les fondations et les institutions jouent un rôle essentiel dans le soutien financier des EHPAD. Elles lancent régulièrement des appels à projets visant à financer des initiatives novatrices dans le domaine des soins aux personnes âgées. Les EHPAD peuvent ainsi soumettre des projets qui répondent aux critères spécifiques de ces appels à projets, tels que l'amélioration des conditions de vie des résidents, le développement de nouvelles approches thérapeutiques ou encore la mise en place de dispositifs de prévention.

Ces appels à projets permettent aux EHPAD de bénéficier de financements supplémentaires, souvent sous forme de subventions, pour la réalisation de projets spécifiques. Ces ressources financières complémentaires contribuent à renforcer les moyens disponibles pour améliorer la qualité de vie des résidents et répondre à leurs besoins spécifiques.

Parallèlement aux appels à projets, les EHPAD peuvent également percevoir des crédits non reconductibles alloués en fonction du rapport d'orientation budgétaire de l'ARS. L'ARS définit chaque année ses priorités en termes de financement des structures de santé, y compris les EHPAD, en se basant sur les orientations nationales en matière de santé publique.

Ces crédits non reconductibles sont attribués de manière ponctuelle pour des projets ou des actions spécifiques identifiés par l'ARS. Ils peuvent être alloués pour des investissements dans des équipements médicaux ou paramédicaux, des travaux d'aménagement, la formation du personnel, ou d'autres initiatives visant à améliorer la qualité des soins et de l'accompagnement au sein des EHPAD.

Cependant, il convient de noter que les ressources financières complémentaires provenant des appels à projets des fondations et des institutions, ainsi que des crédits non reconductibles de l'ARS, sont souvent limitées dans le temps et dépendent de la disponibilité des financements. Les EHPAD doivent donc veiller à diversifier leurs sources de financement et à anticiper les éventuelles variations de ces ressources complémentaires.

Ainsi, les ressources financières complémentaires provenant des appels à projets des fondations et des institutions, ainsi que des crédits non reconductibles alloués en fonction du rapport d'orientation budgétaire de l'ARS, jouent un rôle important dans le soutien des EHPAD. Elles permettent d'apporter des financements supplémentaires pour la réalisation de projets spécifiques visant à améliorer la qualité des soins et de l'accompagnement des résidents. Cependant, il est essentiel pour les EHPAD de diversifier leurs sources de financement et de mettre en place une gestion prudente de leurs ressources pour assurer leur pérennité financière à long terme.

La gestion des budgets

La gestion budgétaire des EHPAD est un enjeu important pour assurer une prise en charge de qualité des résidents. Pour ce faire, plusieurs outils sont mis à la disposition des établissements pour leur permettre de gérer au mieux leurs finances, notamment les EPRD, les ERRD, le PPI et le PGFP.

Tout d'abord, il convient de définir ce que sont ces différents acronymes. L'EPRD (État Prévisionnel des Recettes et des Dépenses) est un document obligatoire qui doit être établi chaque année par l'EHPAD. Il permet de prévoir les recettes et les dépenses de l'établissement pour l'année à venir, en prenant en compte les tarifs de prise en charge des résidents, les coûts de fonctionnement, les investissements à réaliser, etc.

Les ERRD (États Réalisés des Recettes et des Dépenses) sont des documents similaires à l'EPRD, mais qui doivent être établis annuellement. Ils permettent de suivre l'évolution des recettes et des dépenses de l'établissement au cours de l'année, en s'appuyant sur des tableaux de bords de suivi des consommations de crédits, et permet de prendre les mesures nécessaires en cas de dérapage budgétaire.

Le PPI (Projet Pluriannuel d'Investissement) est un document qui permet à l'EHPAD de planifier ses investissements sur plusieurs années. Il doit être mis à jour régulièrement pour tenir compte de l'évolution des besoins de l'établissement et de son environnement.

Enfin, le PGFP (Plan Global de Financement Pluriannuel) est un outil de gestion financière qui permet à l'EHPAD de prévoir ses recettes et ses dépenses sur plusieurs années. Il est établi en concertation avec les autorités de tarification et permet d'assurer la pérennité financière de l'établissement.

Maintenant que nous avons défini ces différents outils, voyons comment ils sont utilisés dans la gestion budgétaire des EHPAD.

L'EPRD est le document de référence pour la gestion budgétaire de l'EHPAD. Il permet de prévoir si les recettes vont couvrir les dépenses de l'établissement pour l'année à venir. Il est construit suite à la réception des notifications de dotations de la part de l'ARS et du CD.

Les ERRD, quant à eux, permettent de suivre l'exécution du budget de l'EHPAD tout au long de l'année. Ils permettent de détecter rapidement les éventuels écarts par rapport aux prévisions, et de prendre les mesures nécessaires pour rééquilibrer les finances de l'établissement.

Le PPI est un outil de planification des investissements de l'EHPAD. Il permet à l'établissement de prévoir les investissements nécessaires pour maintenir la qualité de sa prise en charge, tels que les travaux de rénovation ou d'extension, l'achat de matériel médical, etc. Le PPI doit être mis à jour régulièrement pour tenir compte de l'évolution des besoins de l'établissement et de son environnement. Il est aussi l'outil stratégique pour maitriser les dépenses de fonctionnement.

Les ressources humaines

Les métiers de l'EHPAD

Pour assurer le bon fonctionnement des EHPAD, différents métiers sont nécessaires, chacun ayant des missions spécifiques et complémentaires.

Le personnel soignant est indispensable pour prendre en charge les résidents au quotidien. Il est composé d'infirmiers et d'aides-soignants qui assurent les soins d'hygiène, la prise de médicaments, les soins infirmiers, les changements de pansements et la surveillance des signes vitaux. Ils doivent également accompagner les résidents dans leur vie quotidienne et les aider dans les actes de la vie courante, comme la toilette, l'habillage et la prise de repas. Les infirmiers ont également pour mission de réaliser des évaluations de l'état de santé des résidents et de mettre en place des protocoles de soins adaptés à chaque cas.

Le personnel médical est également présent dans les EHPAD. Les médecins coordonnent la prise en charge médicale des résidents et établissent les ordonnances. Ils sont en relation avec les familles des résidents et les autres professionnels de santé pour assurer une prise en charge globale et cohérente. Les psychologues peuvent également intervenir pour accompagner les résidents en souffrance psychologique.

Le personnel administratif est également présent dans les EHPAD. Les directeurs sont responsables de la gestion de l'établissement et veillent à la bonne organisation des services. Ils ont également pour mission de mettre en place des projets d'animation et de favoriser le bien-être des résidents. Les secrétaires assurent quant à eux la gestion des dossiers des résidents et sont en charge de la gestion des admissions et des sorties.

Le personnel d'animation est également présent pour proposer des activités aux résidents. Les animateurs ont pour mission de proposer des activités culturelles, sportives ou récréatives adaptées aux capacités et aux goûts des résidents. Les ergothérapeutes sont également présents pour accompagner les résidents dans la rééducation et la réadaptation de leurs capacités.

Enfin, le personnel de restauration est également présent dans les EHPAD. Les cuisiniers et les aides de cuisine ont pour mission de préparer des repas adaptés aux besoins des résidents et de veiller à la qualité et à la variété des plats proposés. Les agents de service hôtelier assurent quant à eux l'entretien des locaux et des équipements.

Les EHPAD sont des structures qui nécessitent une grande diversité de métiers pour assurer une prise en charge adaptée aux besoins des résidents. Chaque professionnel a des missions spécifiques et complémentaires pour garantir une prise en charge globale et cohérente. Leur travail est essentiel pour assurer le bien-être et la qualité de vie des résidents dans ces établissements.

Les EHPAD rencontrent actuellement des difficultés pour recruter du personnel soignant qualifié et stable. Plusieurs facteurs peuvent expliquer cette situation : la pénurie de personnel soignant dans l'ensemble du secteur de la santé, les conditions de travail difficiles (notamment les horaires atypiques et les tâches administratives excessives), et la rémunération insuffisante.

Pour remédier à ces difficultés, plusieurs solutions peuvent être mises en place. Tout d'abord, il est important de valoriser les métiers de la santé en général et de mettre en avant les avantages de travailler dans un EHPAD (par exemple, la proximité avec les patients et la possibilité de développer des relations avec eux). Il est également nécessaire d'améliorer les conditions de travail (par exemple, en réduisant les tâches administratives) et de revaloriser les salaires pour attirer et retenir les talents.

En outre, il est important de favoriser la formation continue et de favoriser l'évolution de carrière des personnels soignants déjà en poste, afin de les inciter à rester dans l'établissement. Il est également important de favoriser la diversité et l'inclusion pour attirer des talents de différentes origines et expériences.

Enfin, pour intégrer au mieux les personnels soignants nouvellement recrutés, il est important de leur offrir une formation adaptée à leur poste et à leurs compétences, de leur donner des responsabilités progressivement et de les intégrer au sein de l'équipe en leur donnant la possibilité de participer aux décisions importantes. Il est également important de les soutenir en cas de difficultés et de leur donner les moyens de s'exprimer et de faire des suggestions.

La gestion des emplois et des compétences

La gestion prévisionnelle des emplois et compétences (GPEC) est une démarche visant à anticiper les besoins en termes d'emplois et de compétences au sein d'une organisation. Cette démarche est particulièrement importante dans les EHPAD pour garantir une prise en charge de qualité des résidents et une gestion efficace des ressources humaines.

La première étape de la GPEC est l'identification des besoins en emplois et compétences à court, moyen et long terme. Il est important de prendre en compte les évolutions démographiques, les évolutions réglementaires, les évolutions technologiques et les évolutions des pratiques professionnelles pour anticiper les besoins en personnel et en compétences.

La deuxième étape consiste à évaluer les compétences actuelles des salariés de l'EHPAD. Cette évaluation peut se faire à travers des entretiens individuels, des évaluations de compétences ou des tests de connaissances. Il est important d'identifier les compétences présentes au sein de l'équipe pour pouvoir les valoriser et les développer.

La troisième étape consiste à définir les axes de développement des compétences des salariés. Ces axes de développement peuvent prendre différentes formes : formation professionnelle, accompagnement individuel, échanges de pratiques, etc. Il est important de définir ces axes de développement en fonction des besoins identifiés et des compétences actuelles des salariés.

La quatrième étape consiste à mettre en place les actions de développement des compétences. Ces actions peuvent être proposées par l'EHPAD ou être mises en place à l'initiative des salariés. Il est important de suivre l'avancement de ces actions et de les évaluer régulièrement pour s'assurer de leur efficacité.

La dernière étape consiste à évaluer régulièrement la GPEC et à l'adapter en fonction des évolutions de l'EHPAD. Cette évaluation peut se faire à travers des entretiens individuels, des enquêtes de satisfaction, des analyses de la performance de l'EHPAD, etc. Il est important d'adapter la GPEC pour garantir une prise en charge de qualité des résidents et une gestion efficace des ressources humaines.

La GPEC est une démarche essentielle pour assurer une gestion efficace des ressources humaines au sein des EHPAD. Cette démarche permet d'anticiper les besoins en emplois et en compétences, de développer les compétences des salariés et d'adapter l'EHPAD aux évolutions de son environnement. Une bonne GPEC permet de garantir une prise en charge de qualité des résidents et de favoriser le bien-être des salariés.

La formation du personnel

La formation du personnel en EHPAD est un enjeu crucial pour assurer une prise en charge de qualité des résidents et garantir la sécurité et le bien-être des professionnels de santé. Le plan de formation permet de définir les besoins en formation du personnel et de mettre en place des actions de formation adaptées.

L'utilité du plan de formation est multiple. Il permet de répondre aux besoins en compétences du personnel, d'adapter les compétences des professionnels de santé aux évolutions réglementaires et technologiques, d'optimiser l'organisation et la prise en charge des résidents, de favoriser la polyvalence et la mobilité professionnelle, de renforcer la qualité et la sécurité des soins, et de favoriser l'épanouissement et le développement personnel des salariés.

Le pilotage du plan de formation repose sur une méthodologie rigoureuse. Il est important d'identifier les besoins en formation en fonction des objectifs stratégiques de l'EHPAD, des besoins des résidents, des compétences actuelles et des évolutions réglementaires et technologiques. Il est également important de définir des priorités en fonction des besoins identifiés, de déterminer les modalités de mise en œuvre des actions de formation (interne, externe, individualisée, collective, etc.), de choisir les prestataires de formation, de définir les moyens nécessaires et de suivre l'avancement du plan de formation.

Pour les infirmiers, les formations peuvent porter sur des thèmes tels que la prise en charge des pathologies chroniques, la gestion de la douleur, la prévention des infections, la communication avec les patients et leur famille, l'accompagnement en fin de vie, la prise en charge de la dépendance, la coordination des soins, l'utilisation des nouvelles technologies, etc.

Pour les aides-soignants, les formations peuvent porter sur des thèmes tels que l'hygiène et la sécurité, les gestes et postures, la prise en charge de la dépendance, la communication avec les résidents et leur famille, l'accompagnement en fin de vie, la coordination avec les autres professionnels de santé, l'utilisation des nouvelles technologies, etc.

Il est important de favoriser la polyvalence des professionnels de santé en leur proposant des formations adaptées à leurs compétences et à leurs ambitions professionnelles. La formation peut ainsi permettre aux infirmiers et aux aides-soignants de se spécialiser dans des domaines tels que la gérontologie, la psychiatrie, la nutrition, l'ergothérapie, etc.

La formation du personnel en EHPAD est un enjeu majeur pour assurer une prise en charge de qualité des résidents et garantir la sécurité et le bien-être des professionnels de santé. Le plan de formation permet de définir les besoins en formation du personnel et de mettre en place des actions de formation adaptées. Les formations pour les infirmiers et les aides-soignants peuvent porter sur des thèmes variés et permettre aux professionnels de santé de se spécialiser et de se développer professionnellement.

La gestion des relations sociales

La gestion des relations sociales des ressources humaines au sein d'un EHPAD est une mission essentielle pour le directeur de l'établissement. Cette gestion implique de veiller à la bonne application du droit du travail, de respecter les instances internes et de favoriser un dialogue social constructif avec les représentants du personnel.

Les instances internes comprennent le Comité Social et Économique (CSE), les délégués du personnel et les représentants syndicaux. Le CSE est l'instance représentative du personnel dans l'entreprise. Il est consulté sur les questions économiques et sociales de l'EHPAD, notamment sur les conditions de travail, la formation professionnelle, l'organisation du travail, la gestion des emplois et des compétences, la santé et la sécurité au travail, etc. Les délégués du personnel sont élus par les salariés pour les représenter auprès de l'employeur et défendre leurs intérêts individuels et collectifs. Les représentants syndicaux sont désignés par les syndicats pour défendre les intérêts des salariés et négocier les accords collectifs.

Le directeur de l'EHPAD a l'obligation de respecter les instances internes et de favoriser un dialogue social constructif avec les représentants du personnel. Il doit informer et consulter le CSE sur les questions économiques et sociales de l'EHPAD. Il doit également respecter les règles relatives aux élections des délégués du personnel et des représentants syndicaux. Il doit garantir la liberté d'expression et le droit d'expression des salariés, notamment en matière d'expression syndicale. Il doit veiller à la bonne application des accords collectifs négociés avec les représentants syndicaux.

Le directeur de l'EHPAD doit également veiller à la bonne application du droit du travail. Il doit respecter les règles relatives à la durée du travail, aux repos, aux congés payés, à la santé et à la sécurité au travail, etc. Il doit également veiller à la non-discrimination des salariés, à l'égalité professionnelle entre les femmes et les hommes, et à la lutte contre le harcèlement moral et sexuel.

La gestion des relations sociales des ressources humaines au sein d'un EHPAD peut être complexe et nécessite des compétences en droit du travail, en communication et en négociation. Le directeur de l'établissement doit ainsi être en mesure de dialoguer avec les représentants du personnel, de négocier avec les syndicats, de gérer les conflits, de faire preuve d'empathie et de compréhension à l'égard des salariés.

Ainsi, la gestion par un directeur des relations sociales des ressources humaines au sein d'un EHPAD est une mission essentielle pour assurer un dialogue social constructif avec les représentants du personnel et garantir le respect du droit du travail. Les instances internes, telles que le CSE, les délégués du personnel et les représentants syndicaux, sont des acteurs clés de cette gestion. Le directeur de l'établissement doit ainsi être en mesure de dialoguer, de négocier et de gérer les conflits pour assurer une bonne gestion des ressources humaines et favoriser la qualité de vie au travail.

La qualité de vie des résidents

La qualité de vie des résidents est l'élément central qui anime l'ensemble des professionnels travaillant au sein de l'EHPAD.

La prise en charge médicale

La prise en charge médicale des résidents d'un EHPAD est un élément clé de la qualité de vie au sein de l'établissement. Les résidents souffrant de maladies chroniques nécessitent une attention particulière pour gérer leur état de santé, leur douleur et leur bien-être. Les soins palliatifs sont également importants pour les résidents en fin de vie.

Les maladies chroniques les plus courantes chez les résidents d'un EHPAD sont les maladies cardiovasculaires, les troubles respiratoires, les maladies neurologiques, le diabète, les maladies rénales, les troubles mentaux et les troubles de l'appareil digestif. Les résidents atteints de ces maladies ont besoin d'une prise en charge médicale spécialisée pour contrôler leur état de santé et prévenir les complications.

La prise en charge des maladies chroniques implique souvent une surveillance régulière de l'état de santé du résident, la mise en place d'un traitement médical adapté et la coordination avec les professionnels de santé extérieurs à l'EHPAD. Les médecins traitants, les infirmiers et les aides-soignants jouent un rôle essentiel dans la gestion des maladies chroniques chez les résidents. Ils peuvent être aidés par des spécialistes tels que des cardiologues, des pneumologues, des neurologues, des endocrinologues, des néphrologues, des psychiatres et des gastro-entérologues.

Les soins palliatifs sont également importants pour les résidents en fin de vie. Les soins palliatifs visent à soulager la douleur, les symptômes et la souffrance des résidents en phase terminale. Ils peuvent également aider les résidents et leur famille à faire face à la fin de vie et à préparer l'après-décès. Les soins palliatifs sont dispensés par une équipe pluridisciplinaire comprenant des médecins, des infirmiers, des aides-soignants, des psychologues et des travailleurs sociaux.

La prise en charge médicale des résidents en EHPAD implique également la prévention des chutes et des infections, ainsi que la gestion des troubles de la déglutition et des troubles du comportement. Les résidents atteints de troubles de la déglutition peuvent nécessiter une alimentation spéciale, telle que des aliments mous ou liquides, pour éviter les fausses routes. Les résidents atteints de troubles du comportement peuvent nécessiter une prise en charge psychologique pour gérer leur état émotionnel et leur comportement.

Enfin, la prise en charge médicale des résidents en EHPAD doit également être adaptée aux besoins individuels de chaque résident. Les résidents ont des besoins de santé différents et une approche personnalisée de la prise en charge médicale peut améliorer leur qualité de vie et leur bien-être.

La prise en charge médicale des résidents en EHPAD est un élément essentiel de la qualité de vie au sein de l'établissement. La gestion des maladies chroniques, les soins palliatifs, la prévention des chutes et des infections, la gestion des troubles de la déglutition et des troubles du comportement sont des éléments clés de la prise en charge médicale.

La vie sociale et culturelle

La vie sociale et culturelle en EHPAD est d'une grande importance pour les personnes âgées qui y résident. En effet, ces établissements sont souvent leur lieu de vie principal et il est donc essentiel qu'ils puissent y trouver un environnement stimulant et agréable.

La nécessité de développer une vie sociale et culturelle en EHPAD est liée à plusieurs facteurs. Tout d'abord, le vieillissement de la population entraîne une augmentation du nombre de personnes âgées vivant en EHPAD. Il est donc important que ces établissements puissent offrir des activités variées et adaptées à leurs résidents.

Ensuite, la vie en EHPAD peut parfois être solitaire et monotone pour les personnes âgées. Les activités sociales et culturelles permettent de rompre cette routine et de favoriser les échanges entre les résidents.

Enfin, la vie sociale et culturelle en EHPAD contribue à la santé mentale et physique des personnes âgées. Les activités proposées permettent de maintenir leur autonomie, leur estime de soi et leur bien-être psychologique.

Les enjeux de la vie sociale et culturelle en EHPAD sont multiples. Tout d'abord, il s'agit de favoriser le lien social entre les résidents. Les activités proposées doivent permettre de créer des moments de convivialité et d'échange.

Ensuite, il est important de prendre en compte les différences de goûts et de besoins des résidents. Les activités proposées doivent être adaptées à leurs capacités physiques et cognitives, ainsi qu'à leurs centres d'intérêt.

Enfin, la vie sociale et culturelle en EHPAD doit permettre de favoriser les liens avec l'extérieur. Les résidents doivent pouvoir participer à des sorties et des activités en dehors de l'établissement, afin de maintenir des liens avec leur famille et leur environnement.

Plusieurs actions peuvent être mises en place pour favoriser la vie sociale et culturelle en EHPAD. Tout d'abord, il est important de proposer des activités variées et adaptées. Des ateliers de musique, de peinture, de jardinage, de cuisine ou encore de lecture peuvent être organisés.

Ensuite, il est possible d'organiser des sorties en dehors de l'établissement. Des visites de musées, des promenades en nature ou encore des rencontres avec d'autres résidents d'EHPAD peuvent être envisagées.

Enfin, il est essentiel de favoriser les échanges intergénérationnels. Des rencontres avec des enfants, des adolescents ou des jeunes adultes permettent aux résidents de partager leur expérience et de transmettre leur savoir.

Pour illustrer ces actions, on peut citer l'exemple de l'EHPAD Monconseil à Tours. Cet établissement propose des ateliers de musique, de yoga, de peinture, de jardinage et de cuisine. Des sorties sont également organisées régulièrement, notamment des visites de musées et des promenades dans les parcs de la ville.

Un autre exemple est celui de l'EHPAD "La Maison de la Vallée", situé à Stains. Cet établissement a mis en place un programme d'activités intergénérationnelles, en partenariat avec une école primaire voisine.

La gestion de la restauration

La gestion de la restauration au sein d'un EHPAD est un enjeu majeur pour assurer le bien-être et la santé des résidents. En effet, les personnes âgées ont des besoins spécifiques en matière d'alimentation et il est important de prendre en compte leurs goûts, leurs dégoûts, leurs spécificités cultuelles et leurs troubles de la déglutition.

Tout d'abord, il est essentiel de proposer une alimentation équilibrée et adaptée aux besoins des résidents. Les repas doivent être variés et riches en nutriments, afin de prévenir les carences alimentaires et de maintenir leur santé physique.

Ensuite, il est important de prendre en compte les goûts et les dégoûts des résidents. Certains peuvent avoir des préférences alimentaires particulières ou des aversions pour certains aliments. Il est donc important de proposer des choix multiples lors des repas, afin de satisfaire les préférences de chacun.

Par ailleurs, les spécificités cultuelles doivent être prises en compte dans la gestion de la restauration. Certains résidents peuvent avoir des exigences alimentaires liées à leur religion ou à leurs croyances. Il est donc important de proposer des repas adaptés à leurs besoins, en respectant les interdits alimentaires et les traditions.

Enfin, les troubles de la déglutition sont fréquents chez les personnes âgées et nécessitent une adaptation de la texture des aliments. Il est important de proposer des aliments mixés, hachés ou en purée, afin de faciliter la déglutition et de prévenir les risques de fausse route.

La restauration en EHPAD est un enjeu crucial pour la santé des résidents. La dénutrition est un risque fréquent chez les personnes âgées vivant en EHPAD, mais des actions concrètes peuvent être mises en place pour y remédier. Il est essentiel d'assurer une alimentation de qualité, adaptée aux besoins et aux spécificités des résidents, et de favoriser un environnement convivial pour les repas. L'éducation et la sensibilisation des résidents sont également des éléments clés pour prévenir la dénutrition et améliorer leur santé et leur bien-être général.

La gestion de l'environnement

La démarche RSE

La mise en place d'une démarche de Responsabilité Sociétale des Entreprises (RSE) dans un EHPAD est essentielle pour garantir la qualité de vie des résidents, améliorer les relations avec les parties prenantes, et s'adapter aux normes et réglementations en vigueur. Voici comment planifier et mettre en œuvre une démarche RSE dans un EHPAD :

- Étape 1 : Évaluation des impacts sociaux et environnementaux actuels de l'EHPAD : Il est important de comprendre les impacts actuels de l'EHPAD sur les parties prenantes (résidents, personnel, communauté, environnement) pour identifier les domaines d'amélioration.

- Étape 2 : Définition des objectifs de RSE : Il est important de définir les objectifs de RSE en fonction des impacts identifiés et en tenant compte des normes et des réglementations en vigueur.
- Étape 3 : Planification des actions : Il est important de mettre en place des plans d'actions pour atteindre les objectifs de RSE définis. Ces plans d'action peuvent inclure des initiatives en matière de gestion environnementale, de relations avec les parties prenantes, de développement durable, de diversité et d'inclusion, de bien-être des employés, etc.
- Étape 4 : Mise en place des indicateurs de performance : Il est important de mettre en place des indicateurs de performance pour suivre l'évolution des initiatives de RSE et pour mesurer les résultats.
- Étape 5 : Communication : Il est important de communiquer sur les initiatives de RSE de l'EHPAD auprès des parties prenantes pour les informer des actions entreprises et pour engager un dialogue sur les impacts et les résultats.
- Étape 6 : Amélioration continue : Il est important de continuer à améliorer les pratiques de RSE de l'EHPAD

en fonction des résultats obtenus et des évolutions des normes et des réglementations.

En somme, la mise en place d'une démarche RSE dans un EHPAD nécessite une planification et une collaboration efficaces, une évaluation des impacts actuels, une définition claire des objectifs, une mise en place de plans d'actions, des indicateurs de performance pour suivre les résultats, une communication efficace avec les parties prenantes et une amélioration continue. Il est important de se tenir informé sur les normes et réglementations en vigueur.

La gestion des déchets

La gestion des déchets est un enjeu important pour tous les établissements, et les EHPAD ne font pas exception. Il est nécessaire de réduire les déchets produits pour limiter les impacts environnementaux et économiques, mais également pour améliorer les conditions de travail et de vie des résidents et du personnel.

La première étape pour réduire les déchets est de mettre en place un tri sélectif. Il est important de séparer les déchets organiques des déchets recyclables et des déchets non recyclables. Cela permet de maximiser la quantité de matières recyclées et de réduire les coûts de traitement des déchets. Il est également important de sensibiliser les résidents et le personnel à cette démarche.

L'éco-conception des soins est également un élément clé pour réduire les déchets. Il s'agit de concevoir les produits et les pratiques de soins de manière à minimiser leur impact sur l'environnement. Par exemple, il est possible de privilégier les produits à usage unique réutilisables, les produits écologiques et les produits fabriqués à partir de matières recyclées.

La mise en place d'une politique d'achats durables est également importante pour réduire les déchets. Il s'agit de privilégier les produits et les fournisseurs qui ont un impact environnemental et social minimal. Il est possible de privilégier les produits locaux, les produits fabriqués à partir de matières recyclées, les produits écologiques, les produits fabriqués de manière équitable et les produits fabriqués à partir de matières naturelles. Il est également possible de privilégier les fournisseurs qui ont une politique environnementale et sociale rigoureuse.

Il est également important de mettre en place des procédures pour gérer les déchets dangereux et les déchets infectieux. Il est important de s'assurer que ces déchets sont gérés de manière sûre et conforme aux réglementations en vigueur. Il est également important de sensibiliser les résidents et le personnel à ces procédures et de les former aux bonnes pratiques de gestion des déchets dangereux et infectieux.

Enfin, pour améliorer la gestion des déchets, il est important de mettre en place des outils de suivi et de reporting pour évaluer les performances en matière de gestion des déchets. Il est possible de mettre en place des indicateurs de performance comme le volume de DASRI évacué, le tonnage de biodéchets jetés / revalorisés …….

La qualité de l'air intérieur

La qualité de l'air intérieur est un enjeu majeur pour la santé des résidents et des personnels travaillant dans les EHPAD. La réglementation en vigueur impose aux établissements de santé de veiller à la qualité de l'air intérieur, notamment en matière de ventilation et de filtration. Cependant, il est important de noter que la qualité de l'air intérieur peut être affectée par de nombreux facteurs, tels que la pollution extérieure, l'utilisation de produits chimiques dans les soins, la présence de moisissures ou encore la surpopulation.

Il est donc nécessaire de mettre en place des mesures pour améliorer la qualité de l'air intérieur dans les EHPAD. Il est possible de réduire les émissions de polluants en utilisant des produits d'entretien écologiques, en limitant l'utilisation de produits chimiques dans les soins ou en faisant attention à la gestion des déchets.

La mise en place d'une bonne ventilation est également cruciale pour assurer un air sain dans les EHPAD. Il est recommandé d'installer des systèmes de ventilation performants, tels que des systèmes de ventilation mécanique contrôlée (VMC), et de les entretenir régulièrement pour éviter la formation de moisissures et de bactéries. Il est également important de veiller à ce que les fenêtres soient ouvertes régulièrement pour aérer les pièces.

Enfin, il est important de sensibiliser les résidents et les personnels à l'importance de la qualité de l'air intérieur et de les impliquer dans les actions mises en place pour améliorer cette qualité. Il est également recommandé de réaliser régulièrement des audits de qualité de l'air intérieur pour évaluer les actions mises en place et les améliorer si nécessaire.

En somme, la qualité de l'air intérieur est un enjeu important pour la santé des résidents et des personnels travaillant dans les EHPAD. Il est donc nécessaire de mettre en place des mesures pour réduire les émissions de polluants, assurer une bonne ventilation, prévenir la surpopulation et sensibiliser les personnels et les résidents. Il est important de mettre en place une politique d'achat durable pour éviter les produits polluants.

Les aspects logistiques

La gestion des infrastructures

La gestion des infrastructures des EHPAD est un enjeu majeur pour les exploitants d'établissements. Selon le mode de gestion choisi, l'exploitant peut être propriétaire ou locataire des lieux. Chaque option a ses avantages et ses inconvénients, qui peuvent avoir un impact sur le quotidien des résidents et du personnel.

Lorsque l'exploitant est propriétaire des lieux, il est responsable de la maintenance et de la rénovation des bâtiments et des équipements. Cette option offre un certain degré de flexibilité et de contrôle sur l'environnement de l'EHPAD. L'exploitant peut ainsi effectuer des rénovations ou des améliorations selon les besoins et les souhaits des résidents et du personnel. Cependant, cela implique également des coûts plus élevés et une charge de travail plus importante pour l'exploitant.

En revanche, lorsque l'exploitant est locataire des lieux, la responsabilité de la maintenance structurelle et de la rénovation des bâtiments incombe au propriétaire. Cette option permet à l'exploitant de se concentrer sur la gestion des soins et des services aux résidents, sans avoir à se préoccuper de l'entretien des locaux. Cependant, cela peut également limiter la flexibilité de l'exploitant et l'empêcher d'apporter des améliorations significatives aux infrastructures.

Quel que soit le mode de gestion choisi, la qualité des infrastructures a un impact direct sur le quotidien des résidents et du personnel de l'EHPAD. Les bâtiments doivent être conçus pour répondre aux besoins spécifiques des personnes âgées, notamment en matière d'accessibilité et de sécurité. Les équipements doivent également être adaptés aux besoins des résidents, en prenant en compte les éventuelles limitations physiques ou cognitives.

La gestion des infrastructures doit également tenir compte de l'environnement extérieur de l'EHPAD. Les espaces verts, les jardins et les aménagements extérieurs peuvent contribuer à améliorer le bien-être des résidents et à favoriser les interactions sociales. De même, l'accessibilité aux transports en commun et aux services locaux peut permettre aux résidents de rester connectés à leur communauté et de maintenir un lien social actif.

Enfin, la gestion des infrastructures doit également prendre en compte les enjeux environnementaux et de développement durable. Les bâtiments et les équipements doivent être conçus pour minimiser leur impact sur l'environnement, notamment en réduisant la consommation d'énergie et d'eau.

Ainsi, la gestion des infrastructures des EHPAD est un enjeu complexe qui doit prendre en compte les besoins et les souhaits des résidents et du personnel, ainsi que les enjeux environnementaux et de développement durable. Que l'exploitant soit propriétaire ou locataire des lieux, il doit s'assurer de la qualité des bâtiments, des équipements et de l'environnement extérieur de l'EHPAD pour favoriser le bien-être des résidents et leur offrir un environnement adapté à leurs besoins spécifiques.

La maintenance et l'entretien des bâtiments

Les EHPAD sont soumis à de nombreuses obligations réglementaires en matière de sécurité et de santé. Pour garantir la qualité de l'accueil et la sécurité des résidents, les EHPAD doivent veiller à maintenir des installations en bon état de fonctionnement. La maintenance préventive joue ainsi un rôle essentiel dans la gestion de ces établissements.

Parmi les obligations réglementaires auxquelles les EHPAD doivent se conformer, la gestion de la légionelle est un point important. En effet, cette bactérie peut causer une maladie pulmonaire potentiellement mortelle chez les personnes âgées. Pour éviter tout risque, les EHPAD doivent réaliser un suivi régulier de la qualité de l'eau. Un cahier sanitaire doit être tenu à jour pour garantir le suivi des différentes opérations effectuées (analyses, nettoyage, désinfection, etc.). La maintenance préventive joue ici un rôle important pour s'assurer du bon fonctionnement des installations et prévenir tout risque de contamination.

Les visites techniques de bureaux de contrôle font également partie des obligations réglementaires des EHPAD. Ces visites permettent de vérifier la conformité des installations et de détecter d'éventuelles anomalies ou défaillances. La maintenance préventive permet alors de prévenir ces risques et de garantir la sécurité des résidents.

La maintenance préventive implique ainsi la mise en place d'un plan de maintenance régulier pour les différentes installations de l'EHPAD : système de ventilation, de chauffage, de climatisation, d'ascenseurs, etc. Le suivi de ce plan permet de prévenir les pannes et les défaillances qui pourraient avoir des conséquences graves pour les résidents. Il est donc essentiel de s'assurer que les différentes installations sont entretenues régulièrement et que les vérifications sont effectuées selon les normes en vigueur.

La maintenance préventive doit également prendre en compte les différents risques liés à la sécurité des résidents. Les EHPAD doivent ainsi disposer de plans d'urgence en cas d'incendie, de fuite de gaz, de coupure de courant, etc. Ces plans doivent être régulièrement mis à jour et des exercices pratiques doivent être organisés pour garantir leur efficacité. La maintenance préventive doit donc inclure la vérification régulière des installations de sécurité (détecteurs de fumée, alarmes, etc.) pour s'assurer de leur bon fonctionnement.

Enfin, la maintenance préventive doit également tenir compte des exigences de confort des résidents. Les EHPAD doivent offrir des conditions de vie dignes et agréables pour leurs résidents. La maintenance préventive doit ainsi permettre de garantir le bon fonctionnement des équipements de confort (éclairage, stores, rideaux, etc.) et de les réparer rapidement en cas de panne.

Ainsi, la maintenance préventive des EHPAD est essentielle pour garantir la sécurité, la santé et le confort des résidents. Elle doit être coordonnée avec les obligations réglementaires, notamment en matière de suivi de la légionelle avec un cahier sanitaire et de visites techniques de bureaux de contrôle.

La gestion des équipements

La gestion des équipements demande une surveillance régulière. Il est nécessaire de toujours se poser les questions suivantes : est ce que le matériel est toujours utilisé ? Pourquoi, prend-il la poussière dans un placard ? Répond-il toujours aux besoins des résidents et du personnel ? Est-il toujours en état de fonctionnement ?

Ces différentes questions permettent de s'assurer du bon usage du matériel mis à disposition du personnel. Elles suscitent des réflexions qui permettent d'établir une stratégie dans la gestion de la maintenance des équipements et dans la projection des futurs investissements.

Aujourd'hui, plusieurs sociétés proposent de réaliser des audits du matériel dans les établissements afin d'aider la direction de l'établissement à avoir une vision claire de l'état d'usage des équipements.

Les relations avec les familles et les partenaires

La communication avec les familles

La communication entre un EHPAD et les familles des résidents est essentielle pour assurer la satisfaction et le bien-être de tous les parties concernées. Cette communication permet de maintenir une relation de confiance entre les familles et l'EHPAD, et de garantir une prise en charge de qualité pour les résidents. Cependant, cette communication peut être difficile à gérer en raison des différents enjeux, contraintes et objectifs impliqués.

Les enjeux de la communication entre les EHPAD et les familles sont nombreux. Tout d'abord, les familles ont des attentes élevées en matière de qualité de soins et de services pour leurs proches. Ils cherchent à être informés régulièrement sur l'état de santé de leurs proches et sur les événements importants de la vie de l'EHPAD. De plus, les familles peuvent avoir des préoccupations ou des plaintes concernant la prise en charge de leur proche, ce qui nécessite une communication ouverte et transparente.

En outre, l'EHPAD doit assurer la confidentialité et la protection de la vie privée des résidents. La communication doit donc être gérée de manière à protéger la vie privée des résidents et de leur famille.

En ce qui concerne les contraintes, les EHPAD peuvent être confrontés à des limites de temps et de ressources. Les professionnels de la santé dans les EHPAD peuvent être très occupés et il peut être difficile de consacrer suffisamment de temps à la communication avec les familles. En outre, les EHPAD peuvent avoir des politiques de communication qui restreignent la fréquence ou la nature des informations qui peuvent être communiquées aux familles.

Malgré ces enjeux et contraintes, les objectifs de la communication entre l'EHPAD et les familles sont clairs. Tout d'abord, il est important d'assurer une communication régulière et transparente pour répondre aux attentes des familles. Les familles doivent être informées des soins et des services que l'EHPAD offre, ainsi que de tout changement ou événement important.

En outre, la communication peut être utilisée pour renforcer la confiance et la relation entre les familles et l'EHPAD. En communiquant régulièrement et en répondant rapidement aux préoccupations ou aux plaintes, les familles peuvent se sentir écoutées et respectées.

Enfin, la communication peut être utilisée pour favoriser la participation et l'implication des familles dans la vie de l'EHPAD. Les familles peuvent être impliquées dans la planification des soins et des activités pour les résidents, ce qui peut améliorer l'expérience des résidents et des familles.

Pour gérer efficacement la communication entre les EHPAD et les familles, plusieurs stratégies peuvent être mises en place. Tout d'abord, il est important de mettre en place des protocoles clairs pour la communication. Les protocoles doivent préciser la fréquence et la nature des informations à communiquer aux familles, ainsi que les canaux de communication à utiliser.

De plus, les EHPAD peuvent mettre en place des programmes de formation pour leur personnel sur la communication avec les familles. Les professionnels de la santé doivent être formés à communiquer efficacement avec les familles, à écouter attentivement leurs préoccupations et à répondre rapidement à leurs demandes.

La coopération avec les partenaires

Les EHPAD sont des établissements qui accueillent des personnes âgées dépendantes et qui assurent leur prise en charge médicale, sociale et psychologique. Pour répondre aux besoins spécifiques de leurs résidents, les EHPAD ont intérêt à nouer des partenariats avec des structures de soins extérieures, notamment des services d'hospitalisation à domicile, des équipes mobiles de soins palliatifs, des équipes mobiles de plaies et cicatrisation et avec des acteurs du secteur de la psychiatrie. Ces partenariats peuvent se concrétiser par la signature de conventions entre les différents établissements et structures de soins.

La nécessité pour un EHPAD de nouer des partenariats avec des services d'hospitalisation à domicile est liée au fait que de nombreux résidents ont besoin de soins médicaux réguliers, mais ne peuvent pas se déplacer jusqu'à un hôpital. Les services d'hospitalisation à domicile permettent de prodiguer des soins médicaux à domicile, ce qui facilite la prise en charge des résidents et améliore leur qualité de vie. En signant une convention avec un service d'hospitalisation à domicile, l'EHPAD peut bénéficier d'une meilleure coordination des soins entre les différents acteurs de la prise en charge médicale.

Les équipes mobiles de soins palliatifs sont également des partenaires essentiels pour les EHPAD, car elles permettent d'accompagner les résidents en fin de vie et de soulager leur douleur. Les équipes mobiles de soins palliatifs peuvent intervenir à la demande de l'EHPAD pour prodiguer des soins palliatifs aux résidents en fin de vie. La signature d'une convention avec une équipe mobile de soins palliatifs permet de faciliter l'accès des résidents aux soins palliatifs et d'améliorer leur qualité de vie en fin de vie.

Les équipes mobiles de plaies et cicatrisation sont également des partenaires précieux pour les EHPAD, car elles permettent de prodiguer des soins spécialisés aux résidents souffrant de plaies chroniques ou complexes. Ces équipes peuvent intervenir à la demande de l'EHPAD pour évaluer les plaies des résidents, prodiguer des soins spécialisés et former le personnel de l'établissement à la prise en charge des plaies. La signature d'une convention avec une équipe mobile de plaies et cicatrisation permet d'améliorer la qualité des soins prodigués aux résidents souffrant de plaies chroniques ou complexes.

Enfin, les partenariats avec les acteurs du secteur de la psychiatrie peuvent permettre aux EHPAD de mieux prendre en charge les résidents souffrant de troubles psychiatriques. Les acteurs du secteur de la psychiatrie peuvent intervenir à la demande de l'EHPAD pour évaluer les troubles psychiatriques des résidents, prodiguer des soins spécialisés et former le personnel de l'établissement à la prise en charge des troubles psychiatriques. La signature d'une convention avec un acteur du secteur de la psychiatrie permet d'améliorer la qualité des soins prodigués aux résidents souffrant de troubles psychiatriques et de mieux répondre à leurs besoins spécifiques.

La gestion des conflits

La gestion des conflits avec les familles au sein d'un EHPAD peut être difficile, mais elle est importante pour assurer le bien-être des résidents et maintenir une relation de confiance avec les familles. Voici quelques étapes pour une bonne gestion des conflits avec les familles au sein d'un EHPAD :

- Écoutez attentivement les préoccupations de la famille. Il est important de comprendre leur point de vue et de leur donner la possibilité de s'exprimer.
- Restez calme et professionnel. Évitez les réactions émotionnelles et maintenez une communication ouverte et respectueuse.
- Expliquez les politiques et les procédures de l'EHPAD. Les familles peuvent avoir des attentes irréalistes ou être mal informées. En expliquant les politiques et les procédures, vous pouvez clarifier les attentes et éviter les malentendus.
- Identifiez les solutions possibles. Travaillez avec la famille pour trouver des solutions qui répondent à

leurs préoccupations tout en respectant les politiques et les protocoles de l'EHPAD.
- Assurez un suivi régulier avec la famille. Il est important de maintenir une communication ouverte avec la famille pour assurer que les solutions fonctionnent et que les préoccupations sont résolues.
- Faites appel à des médiateurs externes si nécessaire. Si le conflit persiste, vous pouvez envisager de faire appel à un médiateur externe pour aider à résoudre le conflit.
- Assurez-vous de respecter les droits des résidents. Dans la résolution des conflits, il est important de toujours tenir compte des droits et des intérêts des résidents. Le bien-être des résidents doit être la priorité absolue.

Il est important de noter que la gestion des conflits avec les familles peut être différente selon les situations et qu'il n'y a pas de solution unique. Chaque conflit doit être abordé avec flexibilité et adaptabilité pour assurer une résolution satisfaisante pour toutes les parties concernées.

Défis et perspectives

Les défis actuels de la gestion des EHPAD

Les EHPAD font face à plusieurs défis actuels dans leur gestion, notamment :

- La pénurie de personnel qualifié : Les EHPAD ont du mal à recruter et à retenir des professionnels qualifiés, tels que des infirmiers, des aides-soignants et des auxiliaires de vie. Cette pénurie de personnel peut affecter la qualité des soins et des services offerts aux résidents.
- La prise en charge des maladies chroniques : Les EHPAD accueillent des personnes âgées présentant souvent des maladies chroniques telles que le diabète, l'arthrite, l'hypertension et la maladie d'Alzheimer. La prise en charge de ces maladies chroniques peut être complexe et nécessiter une coordination avec les professionnels de santé extérieurs.
- Le financement : Les EHPAD sont souvent confrontés à des défis financiers en raison de la hausse des coûts

des soins de santé, de la pression sur les budgets publics et des exigences réglementaires. Cela peut avoir un impact sur la qualité des soins et des services offerts aux résidents.

- La qualité des soins : La qualité des soins est une préoccupation majeure pour les EHPAD. Les gestionnaires doivent veiller à ce que les résidents reçoivent des soins de qualité, adaptés à leurs besoins et respectueux de leur dignité.
- L'adaptation aux nouvelles technologies : Les EHPAD doivent s'adapter aux nouvelles technologies pour améliorer la qualité des soins et des services offerts aux résidents. Cela peut inclure des systèmes de suivi des médicaments, des systèmes de surveillance à distance et des systèmes d'information électroniques pour améliorer la coordination des soins.

Les perspectives d'avenir pour les EHPAD

Les perspectives d'avenir pour les EHPAD sont variées et dépendent en grande partie de l'évolution des besoins et des attentes des personnes âgées et de la société en général. Voici quelques tendances qui pourraient influencer l'avenir des EHPAD :

- La prise en compte des besoins spécifiques : Les EHPAD devront continuer à s'adapter aux besoins spécifiques des personnes âgées, notamment en termes de soins de santé, de logement et de services de soutien.
- La diversification des services : Les EHPAD pourraient diversifier leur offre de services en proposant des activités culturelles, éducatives et récréatives pour les résidents, ainsi que des services de soutien pour les aidants.
- La technologie : L'utilisation de la technologie pourrait aider les EHPAD à améliorer les soins et les services offerts aux résidents, notamment grâce à des outils de surveillance à distance, des dispositifs de communication et des applications de suivi des soins.

- Le développement de nouvelles formes d'hébergement : Les EHPAD pourraient se développer vers de nouvelles formes d'hébergement, telles que des résidences intergénérationnelles, des maisons partagées ou des communautés résidentielles intégrées.
- La prise en compte de la qualité de vie : Les EHPAD devront se concentrer sur la qualité de vie des résidents, en offrant des environnements de vie confortables et adaptés à leurs besoins, ainsi que des activités et des services qui favorisent leur bien-être physique et mental.

Dans l'ensemble, les perspectives d'avenir pour les EHPAD sont positives, car ces établissements continuent d'évoluer pour répondre aux besoins en constante évolution des personnes âgées et de la société en général.

Les recommandations pour les gestionnaires d'EHPAD en devenir

Assurez-vous de fournir des soins de qualité aux résidents de l'EHPAD. Cela implique de disposer d'un personnel suffisant et qualifié, ainsi que de mettre en place des protocoles clairs pour la prise en charge des résidents.

Établissez des relations de confiance avec les résidents et leur famille. Assurez-vous que les résidents se sentent en sécurité et soutenus, et que leur dignité est respectée.

Mettez en place des activités et des programmes pour aider les résidents à rester actifs et engagés. Cela peut inclure des activités sociales, des exercices physiques et des programmes éducatifs.

Assurez-vous de respecter les réglementations en matière de santé et de sécurité. Cela inclut la gestion appropriée des médicaments, la prévention des chutes et la prévention des infections.

Établissez des relations avec d'autres prestataires de soins de santé locaux pour assurer une continuité des soins pour les résidents.

Développez un plan de gestion de crise pour faire face à des situations d'urgence telles que des épidémies ou des catastrophes naturelles.

Impliquez les résidents et leur famille dans le processus de prise de décision en matière de soins et d'amélioration de l'EHPAD. Tenez compte de leurs commentaires et suggestions pour améliorer la qualité des soins et des services.

Assurez-vous de maintenir une communication claire et ouverte avec le personnel de l'EHPAD. Assurez-vous que le personnel est informé des changements importants et de tout événement ou incident pouvant affecter les résidents.

Ces recommandations sont basées sur les pratiques courantes pour la gestion des EHPAD et peuvent varier selon les situations particulières des établissements et les sensibilités de leur directeur.

Table des matières

Introduction 7
   Présentation des EHPAD 7
   Enjeux de la gestion des EHPAD 10
Les aspects réglementaires 13
   Les textes de référence en matière d'EHPAD 13
   Les autorités de contrôle et leur rôle 15
   Les obligations légales pour les gestionnaires d'EHPAD 18
      Le livret d'accueil 18
      Le contrat de séjour 19
      Le règlement de fonctionnement 21
      Le projet de vie individualisé 22
      Le conseil de la vie sociale 25
      Le projet d'établissement 26
      Le DARI 29
      Le DARDE 32
      Le plan bleu 35
      Le plan de maitrise sanitaire 37
      Le RAMA 40
Les aspects financiers 42
   Le financement des EHPAD 42
   Les coûts de fonctionnement 45
   Les sources complémentaires de revenus pour les EHPAD 47

La gestion des budgets	50
Les ressources humaines	53
Les métiers de l'EHPAD	54
La gestion des emplois et des compétences	58
La formation du personnel	61
La gestion des relations sociales	64
La qualité de vie des résidents	67
La prise en charge médicale	67
La vie sociale et culturelle	70
La gestion de la restauration	74
La gestion de l'environnement	76
La démarche RSE	76
La gestion des déchets	78
La qualité de l'air intérieur	81
Les aspects logistiques	83
La gestion des infrastructures	83
La maintenance et l'entretien des bâtiments	86
La gestion des équipements	89
Les relations avec les familles et les partenaires	90
La communication avec les familles	90
La coopération avec les partenaires	94
La gestion des conflits	97
Défis et perspectives	100

Les défis actuels de la gestion des EHPAD 100

Les perspectives d'avenir pour les EHPAD 102

Les recommandations pour les gestionnaires d'EHPAD en devenir..104

Printed in France by Amazon
Brétigny-sur-Orge, FR